TRANZLATY

Language is for everyone

Taal is voor iedereen

Beauty and the Beast

Belle en het Beest

Gabrielle-Suzanne Barbot de Villeneuve

English / Nederlands

Copyright © 2025 Tranzlaty
All rights reserved
Published by Tranzlaty
ISBN: 978-1-83566-971-6
Original text by Gabrielle-Suzanne Barbot de Villeneuve
La Belle et la Bête
First published in French in 1740
Taken from The Blue Fairy Book (Andrew Lang)
Illustration by Walter Crane
www.tranzlaty.com

There was once a rich merchant
Er was eens een rijke koopman
this rich merchant had six children
deze rijke koopman had zes kinderen
he had three sons and three daughters
hij had drie zonen en drie dochters
he spared no cost for their education
hij spaarde geen kosten voor hun opleiding
because he was a man of sense
omdat hij een verstandig man was
but he gave his children many servants
maar hij gaf zijn kinderen veel dienaren
his daughters were extremely pretty
zijn dochters waren buitengewoon mooi
and his youngest daughter was especially pretty
en zijn jongste dochter was bijzonder knap
as a child her Beauty was already admired
als kind werd haar schoonheid al bewonderd
and the people called her by her Beauty
en de mensen noemden haar vanwege haar schoonheid
her Beauty did not fade as she got older
haar schoonheid vervaagde niet naarmate ze ouder werd
so the people kept calling her by her Beauty
dus de mensen bleven haar om haar schoonheid noemen
this made her sisters very jealous
dit maakte haar zussen erg jaloers
the two eldest daughters had a great deal of pride
de twee oudste dochters waren erg trots
their wealth was the source of their pride
hun rijkdom was de bron van hun trots
and they didn't hide their pride either
en ze verborgen hun trots ook niet
they did not visit other merchants' daughters
ze bezochten de dochters van andere kooplieden niet
because they only meet with aristocracy
omdat ze alleen aristocratie ontmoeten

they went out every day to parties
ze gingen elke dag naar feestjes
balls, plays, concerts, and so forth
bals, toneelstukken, concerten, enzovoort
and they laughed at their youngest sister
en ze lachten om hun jongste zusje
because she spent most of her time reading
omdat ze het grootste deel van haar tijd doorbracht met lezen
it was well known that they were wealthy
het was algemeen bekend dat ze rijk waren
so several eminent merchants asked for their hand
dus vroegen verschillende vooraanstaande kooplieden om hun hand
but they said they were not going to marry
maar ze zeiden dat ze niet zouden trouwen
but they were prepared to make some exceptions
maar ze waren bereid om enkele uitzonderingen te maken
"perhaps I could marry a Duke"
"misschien kan ik met een hertog trouwen"
"I guess I could marry an Earl"
"Ik denk dat ik met een graaf zou kunnen trouwen"
Beauty very civilly thanked those that proposed to her
schoonheid bedankte heel beleefd degenen die haar een aanzoek deden
she told them she was still too young to marry
Ze vertelde hen dat ze nog te jong was om te trouwen
she wanted to stay a few more years with her father
ze wilde nog een paar jaar bij haar vader blijven
All at once the merchant lost his fortune
Opeens verloor de koopman zijn fortuin
he lost everything apart from a small country house
hij verloor alles behalve een klein landhuis
and he told his children with tears in his eyes:
en hij vertelde zijn kinderen met tranen in zijn ogen:
"we must go to the countryside"
"we moeten naar het platteland"

"and we must work for our living"
"en wij moeten werken voor ons levensonderhoud"
the two eldest daughters didn't want to leave the town
de twee oudste dochters wilden de stad niet verlaten
they had several lovers in the city
ze hadden meerdere geliefden in de stad
and they were sure one of their lovers would marry them
en ze waren er zeker van dat een van hun geliefden met hen zou trouwen
they thought their lovers would marry them even with no fortune
ze dachten dat hun geliefden met hen zouden trouwen, zelfs als ze geen fortuin hadden
but the good ladies were mistaken
maar de goede dames hadden het mis
their lovers abandoned them very quickly
hun geliefden verlieten hen heel snel
because they had no fortunes any more
omdat ze geen fortuin meer hadden
this showed they were not actually well liked
dit toonde aan dat ze niet echt geliefd waren
everybody said they do not deserve to be pitied
Iedereen zei dat ze het niet verdienden om medelijden te krijgen
"we are glad to see their pride humbled"
"We zijn blij dat hun trots is geschaad"
"let them be proud of milking cows"
"Laat ze trots zijn op het melken van koeien"
but they were concerned for Beauty
maar ze waren bezorgd om schoonheid
she was such a sweet creature
ze was zo'n lief wezentje
she spoke so kindly to poor people
ze sprak zo vriendelijk tot arme mensen
and she was of such an innocent nature
en ze was van zo'n onschuldig karakter

Several gentlemen would have married her
Meerdere heren zouden met haar getrouwd zijn
they would have married her even though she was poor
ze zouden met haar getrouwd zijn, ook al was ze arm
but she told them she couldn't marry them
maar ze vertelde hen dat ze niet met hen kon trouwen
because she would not leave her father
omdat ze haar vader niet wilde verlaten
she was determined to go with him to the countryside
ze was vastbesloten om met hem mee te gaan naar het platteland
so that she could comfort and help him
zodat ze hem kon troosten en helpen
Poor Beauty was very grieved at first
De arme schoonheid was in het begin erg bedroefd
she was grieved by the loss of her fortune
ze was bedroefd door het verlies van haar fortuin
"but crying won't change my fortunes"
"maar huilen zal mijn lot niet veranderen"
"I must try to make myself happy without wealth"
"Ik moet proberen mezelf gelukkig te maken zonder rijkdom"
they came to their country house
ze kwamen naar hun landhuis
and the merchant and his three sons applied themselves to husbandry
en de koopman en zijn drie zonen legden zich toe op de landbouw
Beauty rose at four in the morning
schoonheid steeg om vier uur 's ochtends
and she hurried to clean the house
en ze haastte zich om het huis schoon te maken
and she made sure dinner was ready
en ze zorgde ervoor dat het avondeten klaar was
in the beginning she found her new life very difficult
in het begin vond ze haar nieuwe leven erg moeilijk
because she had not been used to such work

omdat ze niet gewend was aan dergelijk werk
but in less than two months she grew stronger
maar in minder dan twee maanden werd ze sterker
and she was healthier than ever before
en ze was gezonder dan ooit tevoren
after she had done her work she read
nadat ze haar werk had gedaan, las ze
she played on the harpsichord
ze speelde op het klavecimbel
or she sung whilst she spun silk
of ze zong terwijl ze zijde spon
on the contrary, her two sisters did not know how to spend their time
integendeel, haar twee zussen wisten niet hoe ze hun tijd moesten besteden
they got up at ten and did nothing but laze about all day
ze stonden om tien uur op en deden de hele dag niets anders dan luieren
they lamented the loss of their fine clothes
ze betreurden het verlies van hun mooie kleren
and they complained about losing their acquaintances
en ze klaagden over het verlies van hun kennissen
"Have a look at our youngest sister," they said to each other
"Kijk eens naar onze jongste zus," zeiden ze tegen elkaar
"what a poor and stupid creature she is"
"wat een arm en dom wezen is ze"
"it is mean to be content with so little"
"het is gemeen om tevreden te zijn met zo weinig"
the kind merchant was of quite a different opinion
de vriendelijke koopman was van een heel andere mening
he knew very well that Beauty outshone her sisters
hij wist heel goed dat schoonheid haar zussen overschaduwde
she outshone them in character as well as mind
ze overtrof hen in karakter en geest
he admired her humility and her hard work
hij bewonderde haar nederigheid en haar harde werk

but most of all he admired her patience
maar bovenal bewonderde hij haar geduld
her sisters left her all the work to do
haar zussen lieten haar al het werk doen
and they insulted her every moment
en ze beledigden haar elk moment
The family had lived like this for about a year
Het gezin leefde ongeveer een jaar zo
then the merchant got a letter from an accountant
toen kreeg de handelaar een brief van een accountant
he had an investment in a ship
hij had een investering in een schip
and the ship had safely arrived
en het schip was veilig aangekomen
this news turned the heads of the two eldest daughters
Dit nieuws deed de hoofden van de twee oudste dochters omdraaien
they immediately had hopes of returning to town
ze hadden meteen hoop om terug te keren naar de stad
because they were quite weary of country life
omdat ze het plattelandsleven behoorlijk beu waren
they went to their father as he was leaving
ze gingen naar hun vader toen hij vertrok
they begged him to buy them new clothes
ze smeekten hem om nieuwe kleren voor hen te kopen
dresses, ribbons, and all sorts of little things
jurken, linten en allerlei kleine dingen
but Beauty asked for nothing
maar schoonheid vroeg niets
because she thought the money wasn't going to be enough
omdat ze dacht dat het geld niet genoeg zou zijn
there wouldn't be enough to buy everything her sisters wanted
er zou niet genoeg zijn om alles te kopen wat haar zussen wilden
"What would you like, Beauty?" asked her father

"Wat wil je, schoonheid?" vroeg haar vader
"thank you, father, for the goodness to think of me," she said
"Dank u, vader, voor de goedheid om aan mij te denken," zei ze
"father, be so kind as to bring me a rose"
"Vader, wees zo vriendelijk om mij een roos te brengen"
"because no roses grow here in the garden"
"omdat hier in de tuin geen rozen groeien"
"and roses are a kind of rarity"
"en rozen zijn een soort zeldzaamheid"
Beauty didn't really care for roses
schoonheid gaf niet echt om rozen
she only asked for something not to condemn her sisters
ze vroeg alleen om iets om haar zussen niet te veroordelen
but her sisters thought she asked for roses for other reasons
maar haar zussen dachten dat ze om andere redenen om rozen had gevraagd
"she did it just to look particular"
"Ze deed het alleen maar om er bijzonder uit te zien"
The kind man went on his journey
De vriendelijke man ging op reis
but when he arrived they argued about the merchandise
maar toen hij aankwam, kregen ze ruzie over de koopwaar
and after a lot of trouble he came back as poor as before
en na veel moeite kwam hij terug, even arm als voorheen
he was within a couple of hours of his own house
hij was binnen een paar uur bij zijn eigen huis
and he already imagined the joy of seeing his children
en hij stelde zich al de vreugde voor om zijn kinderen te zien
but when going through forest he got lost
maar toen hij door het bos liep, raakte hij verdwaald
it rained and snowed terribly
het regende en sneeuwde verschrikkelijk
the wind was so strong it threw him off his horse
de wind was zo sterk dat hij van zijn paard werd geslingerd
and night was coming quickly

en de nacht kwam snel
he began to think that he might starve
hij begon te denken dat hij zou kunnen verhongeren
and he thought that he might freeze to death
en hij dacht dat hij dood zou vriezen
and he thought wolves may eat him
en hij dacht dat wolven hem zouden opeten
the wolves that he heard howling all round him
de wolven die hij om zich heen hoorde huilen
but all of a sudden he saw a light
maar plotseling zag hij een licht
he saw the light at a distance through the trees
hij zag het licht op afstand door de bomen
when he got closer he saw the light was a palace
toen hij dichterbij kwam zag hij dat het licht een paleis was
the palace was illuminated from top to bottom
het paleis was van boven tot onder verlicht
the merchant thanked God for his luck
de koopman dankte God voor zijn geluk
and he hurried to the palace
en hij haastte zich naar het paleis
but he was surprised to see no people in the palace
maar hij was verrast dat er geen mensen in het paleis waren
the court yard was completely empty
de binnenplaats was helemaal leeg
and there was no sign of life anywhere
en er was nergens een teken van leven
his horse followed him into the palace
zijn paard volgde hem het paleis in
and then his horse found large stable
en toen vond zijn paard een grote stal
the poor animal was almost famished
het arme dier was bijna uitgehongerd
so his horse went in to find hay and oats
dus zijn paard ging op zoek naar hooi en haver
fortunately he found plenty to eat

gelukkig vond hij genoeg te eten
and the merchant tied his horse up to the manger
en de koopman bond zijn paard vast aan de kribbe
walking towards the house he saw no one
toen hij naar het huis liep, zag hij niemand
but in a large hall he found a good fire
maar in een grote hal vond hij een goed vuur
and he found a table set for one
en hij vond een tafel gedekt voor één
he was wet from the rain and snow
hij was nat van de regen en sneeuw
so he went near the fire to dry himself
dus ging hij naar het vuur om zichzelf te drogen
"I hope the master of the house will excuse me"
"Ik hoop dat de heer des huizes mij wil verontschuldigen"
"I suppose it won't take long for someone to appear"
"Ik denk dat het niet lang zal duren voordat er iemand verschijnt"
He waited a considerable time
Hij wachtte een aanzienlijke tijd
he waited until it struck eleven, and still nobody came
hij wachtte tot het elf uur was, en nog steeds kwam er niemand
at last he was so hungry that he could wait no longer
uiteindelijk had hij zo'n honger dat hij niet langer kon wachten
he took some chicken and ate it in two mouthfuls
hij nam wat kip en at het in twee happen op
he was trembling while eating the food
hij beefde terwijl hij het eten at
after this he drank a few glasses of wine
daarna dronk hij een paar glazen wijn
growing more courageous he went out of the hall
steeds moediger wordend ging hij de hal uit
and he crossed through several grand halls
en hij liep door verschillende grote hallen
he walked through the palace until he came into a chamber

hij liep door het paleis totdat hij in een kamer kwam
a chamber which had an exceeding good bed in it
een kamer waarin een buitengewoon goed bed stond
he was very much fatigued from his ordeal
hij was erg vermoeid van zijn beproeving
and the time was already past midnight
en het was al middernacht
so he decided it was best to shut the door
dus besloot hij dat het het beste was om de deur te sluiten
and he concluded he should go to bed
en hij besloot dat hij naar bed moest gaan
It was ten in the morning when the merchant woke up
Het was tien uur 's ochtends toen de koopman wakker werd
just as he was going to rise he saw something
net toen hij op het punt stond op te staan zag hij iets
he was astonished to see a clean set of clothes
hij was verbaasd een schone set kleren te zien
in the place where he had left his dirty clothes
op de plaats waar hij zijn vuile kleren had achtergelaten
"certainly this palace belongs to some kind fairy"
"Dit paleis is zeker van een soort fee"
"a fairy who has seen and pitied me"
" een fee die mij zag en medelijden met mij had"
he looked through a window
hij keek door een raam
but instead of snow he saw the most delightful garden
maar in plaats van sneeuw zag hij de meest verrukkelijke tuin
and in the garden were the most beautiful roses
en in de tuin stonden de mooiste rozen
he then returned to the great hall
hij keerde toen terug naar de grote hal
the hall where he had had soup the night before
de hal waar hij de avond ervoor soep had gegeten
and he found some chocolate on a little table
en hij vond wat chocolade op een tafeltje
"Thank you, good Madam Fairy," he said aloud

"Dank u wel, goede mevrouw Fee," zei hij hardop
"thank you for being so caring"
"bedankt dat je zo zorgzaam bent"
"I am extremely obliged to you for all your favours"
"Ik ben u zeer erkentelijk voor al uw gunsten"
the kind man drank his chocolate
de vriendelijke man dronk zijn chocolade
and then he went to look for his horse
en toen ging hij op zoek naar zijn paard
but in the garden he remembered Beauty's request
maar in de tuin herinnerde hij zich het verzoek van de schoonheid
and he cut off a branch of roses
en hij sneed een tak rozen af
immediately he heard a great noise
onmiddellijk hoorde hij een groot lawaai
and he saw a terribly frightful Beast
en hij zag een vreselijk angstaanjagend beest
he was so scared that he was ready to faint
hij was zo bang dat hij bijna flauwviel
"You are very ungrateful," said the Beast to him
"Je bent erg ondankbaar," zei het beest tegen hem
and the Beast spoke in a terrible voice
en het beest sprak met een vreselijke stem
"I have saved your life by allowing you into my castle"
"Ik heb je leven gered door je in mijn kasteel toe te laten"
"and for this you steal my roses in return?"
"En daarvoor steel jij mijn rozen?"
"The roses which I value beyond anything"
"De rozen die ik boven alles waardeer"
"but you shall die for what you've done"
"maar je zult sterven voor wat je hebt gedaan"
"I give you but a quarter of an hour to prepare yourself"
"Ik geef je maar een kwartier om je voor te bereiden"
"get yourself ready for death and say your prayers"
"maak je klaar voor de dood en bid"

the merchant fell on his knees
de koopman viel op zijn knieën
and he lifted up both his hands
en hij hief beide handen op
"My lord, I beseech you to forgive me"
"Mijn heer, ik smeek u mij te vergeven"
"I had no intention of offending you"
"Ik had niet de bedoeling je te beledigen"
"I gathered a rose for one of my daughters"
"Ik plukte een roos voor een van mijn dochters"
"she asked me to bring her a rose"
"Ze vroeg me om haar een roos te brengen"
"I am not your lord, but I am a Beast," replied the monster
"Ik ben niet uw heer, maar ik ben een beest," antwoordde het monster
"I don't love compliments"
"Ik hou niet van complimenten"
"I like people who speak as they think"
"Ik hou van mensen die spreken zoals ze denken"
"do not imagine I can be moved by flattery"
"denk niet dat ik ontroerd kan worden door vleierij"
"But you say you have got daughters"
"Maar je zegt dat je dochters hebt"
"I will forgive you on one condition"
"Ik zal je vergeven op één voorwaarde"
"one of your daughters must come to my palace willingly"
"Een van uw dochters moet vrijwillig naar mijn paleis komen"
"and she must suffer for you"
"en zij moet voor jou lijden"
"Let me have your word"
"Laat mij uw woord hebben"
"and then you can go about your business"
"en dan kun je je gang gaan"
"Promise me this:"
"Beloof me dit:"
"if your daughter refuses to die for you, you must return

within three months"
"Als uw dochter weigert voor u te sterven, moet u binnen drie maanden terugkeren"
the merchant had no intentions to sacrifice his daughters
de koopman had niet de intentie om zijn dochters te offeren
but, since he was given time, he wanted to see his daughters once more
maar omdat hij de tijd had gekregen, wilde hij zijn dochters nog een keer zien
so he promised he would return
dus beloofde hij dat hij terug zou komen
and the Beast told him he might set out when he pleased
en het beest vertelde hem dat hij mocht vertrekken wanneer hij wilde
and the Beast told him one more thing
en het beest vertelde hem nog één ding
"you shall not depart empty handed"
"Je zult niet met lege handen vertrekken"
"go back to the room where you lay"
"Ga terug naar de kamer waar je ligt"
"you will see a great empty treasure chest"
"je zult een grote lege schatkist zien"
"fill the treasure chest with whatever you like best"
"vul de schatkist met wat je het leukst vindt"
"and I will send the treasure chest to your home"
"en ik zal de schatkist naar je huis sturen"
and at the same time the Beast withdrew
en tegelijkertijd trok het beest zich terug
"Well," said the good man to himself
"Nou," zei de goede man tegen zichzelf
"if I must die, I shall at least leave something to my children"
"Als ik moet sterven, laat ik tenminste iets na aan mijn kinderen"
so he returned to the bedchamber
dus keerde hij terug naar de slaapkamer

and he found a great many pieces of gold
en hij vond een groot aantal goudstukken
he filled the treasure chest the Beast had mentioned
hij vulde de schatkist waar het beest het over had
and he took his horse out of the stable
en hij haalde zijn paard uit de stal
the joy he felt when entering the palace was now equal to the grief he felt leaving it
de vreugde die hij voelde toen hij het paleis binnenkwam, was nu gelijk aan het verdriet dat hij voelde toen hij het verliet
the horse took one of the roads of the forest
het paard nam een van de wegen van het bos
and in a few hours the good man was home
en binnen een paar uur was de goede man thuis
his children came to him
zijn kinderen kwamen naar hem toe
but instead of receiving their embraces with pleasure, he looked at them
maar in plaats van hun omhelzingen met genoegen te ontvangen, keek hij naar hen
he held up the branch he had in his hands
hij hield de tak omhoog die hij in zijn handen had
and then he burst into tears
en toen barstte hij in tranen uit
"Beauty," he said, "please take these roses"
"Schoonheid", zei hij, "neem alsjeblieft deze rozen"
"you can't know how costly these roses have been"
"Je kunt niet weten hoe kostbaar deze rozen zijn geweest"
"these roses have cost your father his life"
"Deze rozen hebben je vader het leven gekost"
and then he told of his fatal adventure
en toen vertelde hij over zijn noodlottige avontuur
immediately the two eldest sisters cried out
onmiddellijk riepen de twee oudste zussen
and they said many mean things to their beautiful sister
en ze zeiden veel gemene dingen tegen hun mooie zus

but Beauty did not cry at all
maar schoonheid huilde helemaal niet
"Look at the pride of that little wretch," said they
"Kijk eens naar de trots van dat kleine schurkje," zeiden ze
"she did not ask for fine clothes"
"Ze vroeg niet om mooie kleren"
"she should have done what we did"
"Ze had moeten doen wat wij deden"
"she wanted to distinguish herself"
"Ze wilde zich onderscheiden"
"so now she will be the death of our father"
"dus nu zal zij de dood van onze vader zijn"
"and yet she does not shed a tear"
"en toch laat ze geen traan"
"Why should I cry?" answered Beauty
"Waarom zou ik huilen?" antwoordde de schoonheid
"crying would be very needless"
"huilen zou heel erg overbodig zijn"
"my father will not suffer for me"
"mijn vader zal niet voor mij lijden"
"the monster will accept of one of his daughters"
"het monster zal een van zijn dochters accepteren"
"I will offer myself up to all his fury"
"Ik zal mij overgeven aan al zijn woede"
"I am very happy, because my death will save my father's life"
"Ik ben heel blij, want mijn dood zal het leven van mijn vader redden"
"my death will be a proof of my love"
"Mijn dood zal een bewijs zijn van mijn liefde"
"No, sister," said her three brothers
"Nee, zus," zeiden haar drie broers
"that shall not be"
"dat zal niet zijn"
"we will go find the monster"
"We gaan het monster zoeken"

"and either we will kill him..."
"en of we zullen hem doden..."
"... or we will perish in the attempt"
"...of we zullen bij de poging ten onder gaan"
"Do not imagine any such thing, my sons," said the merchant
"Stel je zoiets niet voor, mijn zonen," zei de koopman
"the Beast's power is so great that I have no hope you could overcome him"
"de kracht van het beest is zo groot dat ik geen hoop heb dat je hem kunt overwinnen"
"I am charmed with Beauty's kind and generous offer"
"Ik ben betoverd door het vriendelijke en genereuze aanbod van schoonheid"
"but I cannot accept to her generosity"
"maar ik kan haar vrijgevigheid niet accepteren"
"I am old, and I don't have long to live"
"Ik ben oud en ik heb niet lang meer te leven"
"so I can only loose a few years"
"dus ik kan maar een paar jaar verliezen"
"time which I regret for you, my dear children"
"tijd die ik voor jullie betreur, mijn lieve kinderen"
"But father," said Beauty
"Maar vader," zei de schoonheid
"you shall not go to the palace without me"
"Je zult niet zonder mij naar het paleis gaan"
"you cannot stop me from following you"
"Je kunt me niet tegenhouden om je te volgen"
nothing could convince Beauty otherwise
niets kon schoonheid anders overtuigen
she insisted on going to the fine palace
Ze stond erop om naar het mooie paleis te gaan
and her sisters were delighted at her insistence
en haar zussen waren verheugd over haar aandringen
The merchant was worried at the thought of losing his daughter
De koopman maakte zich zorgen bij de gedachte zijn dochter

te verliezen
he was so worried that he had forgotten about the chest full of gold
hij was zo bezorgd dat hij de kist vol goud was vergeten
at night he retired to rest, and he shut his chamber door
's Nachts ging hij slapen en deed de deur van zijn kamer dicht
then, to his great astonishment, he found the treasure by his bedside
toen vond hij tot zijn grote verbazing de schat naast zijn bed
he was determined not to tell his children
hij was vastbesloten om het zijn kinderen niet te vertellen
if they knew, they would have wanted to return to town
als ze het hadden geweten, hadden ze terug naar de stad gewild
and he was resolved not to leave the countryside
en hij was vastbesloten het platteland niet te verlaten
but he trusted Beauty with the secret
maar hij vertrouwde schoonheid het geheim toe
she informed him that two gentlemen had came
Ze vertelde hem dat er twee heren waren gekomen
and they made proposals to her sisters
en ze deden voorstellen aan haar zussen
she begged her father to consent to their marriage
Ze smeekte haar vader om toestemming te geven voor hun huwelijk
and she asked him to give them some of his fortune
en ze vroeg hem om hen een deel van zijn fortuin te geven
she had already forgiven them
ze had hen al vergeven
the wicked creatures rubbed their eyes with onions
de boze wezens wreven hun ogen uit met uien
to force some tears when they parted with their sister
om wat tranen te forceren toen ze afscheid namen van hun zus
but her brothers really were concerned
maar haar broers waren echt bezorgd
Beauty was the only one who did not shed any tears

schoonheid was de enige die geen tranen vergoot
she did not want to increase their uneasiness
ze wilde hun ongemak niet vergroten
the horse took the direct road to the palace
het paard nam de directe weg naar het paleis
and towards evening they saw the illuminated palace
en tegen de avond zagen ze het verlichte paleis
the horse took himself into the stable again
het paard ging weer de stal in
and the good man and his daughter went into the great hall
en de goede man en zijn dochter gingen de grote hal binnen
here they found a table splendidly served up
hier vonden ze een prachtig gedekte tafel
the merchant had no appetite to eat
de koopman had geen trek in eten
but Beauty endeavoured to appear cheerful
maar schoonheid probeerde vrolijk te lijken
she sat down at the table and helped her father
Ze ging aan tafel zitten en hielp haar vader
but she also thought to herself:
maar ze dacht ook bij zichzelf:
"Beast surely wants to fatten me before he eats me"
"Het beest wil me zeker eerst vetmesten voordat hij me opeet"
"that is why he provides such plentiful entertainment"
"daarom zorgt hij voor zoveel vermaak"
after they had eaten they heard a great noise
nadat ze gegeten hadden hoorden ze een groot lawaai
and the merchant bid his unfortunate child farewell, with tears in his eyes
en de koopman nam afscheid van zijn ongelukkige kind, met tranen in zijn ogen
because he knew the Beast was coming
omdat hij wist dat het beest zou komen
Beauty was terrified at his horrid form
schoonheid was doodsbang voor zijn afschuwelijke vorm
but she took courage as well as she could

maar ze verzamelde moed zo goed als ze kon
and the monster asked her if she came willingly
en het monster vroeg haar of ze vrijwillig kwam
"yes, I have come willingly," she said trembling
"Ja, ik ben vrijwillig gekomen," zei ze bevend
the Beast responded, "You are very good"
Het beest antwoordde: "Je bent heel goed"
"and I am greatly obliged to you; honest man"
"en ik ben u zeer verplicht; eerlijk man"
"go your ways tomorrow morning"
"ga morgenvroeg je weg"
"but never think of coming here again"
"maar denk er nooit meer aan om hierheen te komen"
"Farewell Beauty, farewell Beast," he answered
"Vaarwel schoonheid, vaarwel beest," antwoordde hij
and immediately the monster withdrew
en onmiddellijk trok het monster zich terug
"Oh, daughter," said the merchant
"Oh, dochter," zei de koopman
and he embraced his daughter once more
en hij omhelsde zijn dochter nogmaals
"I am almost frightened to death"
"Ik ben bijna doodsbang"
"believe me, you had better go back"
"Geloof me, je kunt beter teruggaan"
"let me stay here, instead of you"
"Laat mij hier blijven, in plaats van jij"
"No, father," said Beauty, in a resolute tone
"Nee, vader," zei de schoonheid op een vastberaden toon
"you shall set out tomorrow morning"
"morgenvroeg vertrek je"
"leave me to the care and protection of providence"
"Laat mij over aan de zorg en bescherming van de voorzienigheid"
nonetheless they went to bed
toch gingen ze naar bed

they thought they would not close their eyes all night
ze dachten dat ze hun ogen de hele nacht niet zouden sluiten
but just as they lay down they slept
maar zodra ze gingen liggen, sliepen ze
Beauty dreamed a fine lady came and said to her:
schoonheid droomde dat een mooie dame naar haar toe kwam en tegen haar zei:
"I am content, Beauty, with your good will"
"Ik ben tevreden, schoonheid, met jouw goede wil"
"this good action of yours shall not go unrewarded"
"Deze goede daad van u zal niet onbeloond blijven"
Beauty waked and told her father her dream
schoonheid werd wakker en vertelde haar vader haar droom
the dream helped to comfort him a little
de droom hielp hem een beetje troost te bieden
but he could not help crying bitterly as he was leaving
maar hij kon het niet helpen bitter te huilen toen hij vertrok
as soon as he was gone, Beauty sat down in the great hall and cried too
Zodra hij weg was, ging de schoonheid in de grote hal zitten en huilde ook
but she resolved not to be uneasy
maar ze besloot zich niet ongerust te maken
she decided to be strong for the little time she had left to live
ze besloot sterk te zijn voor de korte tijd die ze nog had om te leven
because she firmly believed the Beast would eat her
omdat ze er vast van overtuigd was dat het beest haar zou opeten
however, she thought she might as well explore the palace
ze dacht echter dat ze net zo goed het paleis kon verkennen
and she wanted to view the fine castle
en ze wilde het mooie kasteel bekijken
a castle which she could not help admiring
een kasteel dat ze niet kon laten te bewonderen
it was a delightfully pleasant palace

het was een heerlijk aangenaam paleis
and she was extremely surprised at seeing a door
en ze was zeer verrast toen ze een deur zag
and over the door was written that it was her room
en boven de deur stond geschreven dat het haar kamer was
she opened the door hastily
ze deed haastig de deur open
and she was quite dazzled with the magnificence of the room
en ze was volkomen verblind door de pracht van de kamer
what chiefly took up her attention was a large library
wat haar aandacht vooral in beslag nam was een grote bibliotheek
a harpsichord and several music books
een klavecimbel en verschillende muziekboeken
"Well," said she to herself
"Nou," zei ze tegen zichzelf
"I see the Beast will not let my time hang heavy"
"Ik zie dat het beest mijn tijd niet zwaar zal laten duren"
then she reflected to herself about her situation
toen dacht ze na over haar situatie
"If I was meant to stay a day all this would not be here"
"Als ik een dag had moeten blijven, zou dit hier allemaal niet zijn"
this consideration inspired her with fresh courage
Deze overweging gaf haar nieuwe moed
and she took a book from her new library
en ze pakte een boek uit haar nieuwe bibliotheek
and she read these words in golden letters:
en ze las deze woorden in gouden letters:
"Welcome Beauty, banish fear"
"Welkom schoonheid, verban angst"
"You are queen and mistress here"
"Jij bent hier koningin en meesteres"
"Speak your wishes, speak your will"
"Spreek uw wensen uit, spreek uw wil uit"

"Swift obedience meets your wishes here"
"Hier voldoet snelle gehoorzaamheid aan uw wensen"
"Alas," said she, with a sigh
"Helaas," zei ze met een zucht
"Most of all I wish to see my poor father"
"Het allerliefst wil ik mijn arme vader zien"
"and I would like to know what he is doing"
"en ik zou graag willen weten wat hij doet"
As soon as she had said this she noticed the mirror
Zodra ze dit had gezegd, zag ze de spiegel
to her great amazement she saw her own home in the mirror
tot haar grote verbazing zag ze haar eigen huis in de spiegel
her father arrived emotionally exhausted
haar vader kwam emotioneel uitgeput aan
her sisters went to meet him
haar zussen gingen hem tegemoet
despite their attempts to appear sorrowful, their joy was visible
ondanks hun pogingen om er verdrietig uit te zien, was hun vreugde zichtbaar
a moment later everything disappeared
een moment later was alles verdwenen
and Beauty's apprehensions disappeared too
en de angst voor schoonheid verdween ook
for she knew she could trust the Beast
want ze wist dat ze het beest kon vertrouwen
At noon she found dinner ready
's Middags vond ze het avondeten klaar
she sat herself down at the table
ze ging aan tafel zitten
and she was entertained with a concert of music
en ze werd vermaakt met een muziekconcert
although she couldn't see anybody
hoewel ze niemand kon zien
at night she sat down for supper again
's avonds ging ze weer aan tafel voor het avondeten

this time she heard the noise the Beast made
deze keer hoorde ze het geluid dat het beest maakte
and she could not help being terrified
en ze kon het niet helpen dat ze doodsbang was
"Beauty," said the monster
"schoonheid," zei het monster
"do you allow me to eat with you?"
"Mag ik met je mee eten?"
"do as you please," Beauty answered trembling
"Doe wat je wilt," antwoordde de schoonheid bevend
"No," replied the Beast
"Nee," antwoordde het beest
"you alone are mistress here"
"jij bent hier alleen meesteres"
"you can send me away if I'm troublesome"
"Je kunt me wegsturen als ik lastig ben"
"send me away and I will immediately withdraw"
"stuur mij weg en ik zal mij onmiddellijk terugtrekken"
"But, tell me; do you not think I am very ugly?"
"Maar vertel eens, vind je mij niet heel lelijk?"
"That is true," said Beauty
"Dat is waar", zei de schoonheid
"I cannot tell a lie"
"Ik kan niet liegen"
"but I believe you are very good natured"
"maar ik geloof dat je een heel goed karakter hebt"
"I am indeed," said the monster
"Dat ben ik inderdaad," zei het monster
"But apart from my ugliness, I also have no sense"
"Maar afgezien van mijn lelijkheid heb ik ook geen verstand"
"I know very well that I am a silly creature"
"Ik weet heel goed dat ik een dwaas wezen ben"
"It is no sign of folly to think so," replied Beauty
"Het is geen teken van dwaasheid om dat te denken,"
antwoordde de schoonheid
"Eat then, Beauty," said the monster

"Eet dan, schoonheid," zei het monster
"try to amuse yourself in your palace"
"probeer jezelf te vermaken in je paleis"
"everything here is yours"
"alles hier is van jou"
"and I would be very uneasy if you were not happy"
"en ik zou me erg ongemakkelijk voelen als je niet gelukkig was"
"You are very obliging," answered Beauty
"Je bent erg behulpzaam," antwoordde de schoonheid
"I admit I am pleased with your kindness"
"Ik geef toe dat ik blij ben met uw vriendelijkheid"
"and when I consider your kindness, I hardly notice your deformities"
"en als ik uw vriendelijkheid overweeg, merk ik uw misvormingen nauwelijks op"
"Yes, yes," said the Beast, "my heart is good
"Ja, ja," zei het beest, "mijn hart is goed
"but although I am good, I am still a monster"
"maar hoewel ik goed ben, ben ik nog steeds een monster"
"There are many men that deserve that name more than you"
"Er zijn veel mannen die die naam meer verdienen dan jij"
"and I prefer you just as you are"
"en ik geef de voorkeur aan jou zoals je bent"
"and I prefer you more than those who hide an ungrateful heart"
"en ik geef de voorkeur aan jou boven hen die een ondankbaar hart verbergen"
"if only I had some sense," replied the Beast
"Als ik maar een beetje verstand had," antwoordde het beest
"if I had sense I would make a fine compliment to thank you"
"Als ik verstand had, zou ik je een mooi compliment geven om je te bedanken"
"but I am so dull"
"maar ik ben zo saai"

"I can only say I am greatly obliged to you"
"Ik kan alleen maar zeggen dat ik u zeer verplicht ben"
Beauty ate a hearty supper
schoonheid at een stevig avondmaal
and she had almost conquered her dread of the monster
en ze had haar angst voor het monster bijna overwonnen
but she wanted to faint when the Beast asked her the next question
maar ze wilde flauwvallen toen het beest haar de volgende vraag stelde
"Beauty, will you be my wife?"
"Schoonheid, wil jij mijn vrouw worden?"
she took some time before she could answer
het duurde even voordat ze kon antwoorden
because she was afraid of making him angry
omdat ze bang was hem boos te maken
at last, however, she said "no, Beast"
uiteindelijk zei ze echter: "nee, beest"
immediately the poor monster hissed very frightfully
onmiddellijk siste het arme monster heel angstaanjagend
and the whole palace echoed
en het hele paleis echode
but Beauty soon recovered from her fright
maar de schoonheid herstelde zich al snel van haar angst
because Beast spoke again in a mournful voice
omdat het beest opnieuw met een treurige stem sprak
"then farewell, Beauty"
"dan vaarwel, schoonheid"
and he only turned back now and then
en hij keerde zich slechts af en toe om
to look at her as he went out
om naar haar te kijken toen hij naar buiten ging
now Beauty was alone again
nu was schoonheid weer alleen
she felt a great deal of compassion
ze voelde veel medeleven

"Alas, it is a thousand pities"
"Helaas, het is duizendmaal jammer"
"anything so good natured should not be so ugly"
"Alles wat zo goedaardig is, zou niet zo lelijk moeten zijn"
Beauty spent three months very contentedly in the palace
schoonheid bracht drie maanden zeer tevreden door in het paleis
every evening the Beast paid her a visit
elke avond kwam het beest haar bezoeken
and they talked during supper
en ze spraken tijdens het avondeten
they talked with common sense
ze spraken met gezond verstand
but they didn't talk with what people call wittiness
maar ze spraken niet met wat mensen geestigheid noemen
Beauty always discovered some valuable character in the Beast
schoonheid ontdekte altijd een waardevol karakter in het beest
and she had gotten used to his deformity
en ze was gewend geraakt aan zijn misvorming
she didn't dread the time of his visit anymore
Ze vreesde de tijd van zijn bezoek niet meer
now she often looked at her watch
nu keek ze vaak op haar horloge
and she couldn't wait for it to be nine o'clock
en ze kon niet wachten tot het negen uur was
because the Beast never missed coming at that hour
omdat het beest nooit naliet om op dat uur te komen
there was only one thing that concerned Beauty
er was maar één ding dat met schoonheid te maken had
every night before she went to bed the Beast asked her the same question
elke avond voordat ze naar bed ging, stelde het beest haar dezelfde vraag
the monster asked her if she would be his wife
het monster vroeg haar of ze zijn vrouw wilde worden

one day she said to him, "Beast, you make me very uneasy"
Op een dag zei ze tegen hem: "Beest, je maakt me erg ongerust"
"I wish I could consent to marry you"
"Ik wou dat ik met je kon trouwen"
"but I am too sincere to make you believe I would marry you"
"maar ik ben te oprecht om je te laten geloven dat ik met je zou trouwen"
"our marriage will never happen"
"Ons huwelijk zal nooit plaatsvinden"
"I shall always see you as a friend"
"Ik zal je altijd als een vriend zien"
"please try to be satisfied with this"
"probeer hier maar tevreden mee te zijn"
"I must be satisfied with this," said the Beast
"Ik moet hier tevreden mee zijn," zei het beest
"I know my own misfortune"
"Ik ken mijn eigen ongeluk"
"but I love you with the tenderest affection"
"maar ik hou van je met de tederste genegenheid"
"However, I ought to consider myself as happy"
"Ik moet mezelf echter als gelukkig beschouwen"
"and I should be happy that you will stay here"
"en ik zou blij zijn dat je hier blijft"
"promise me never to leave me"
"beloof me dat je me nooit zult verlaten"
Beauty blushed at these words
schoonheid bloosde bij deze woorden
one day Beauty was looking in her mirror
op een dag keek de schoonheid in haar spiegel
her father had worried himself sick for her
haar vader had zich ziekelijk zorgen om haar gemaakt
she longed to see him again more than ever
ze verlangde er meer dan ooit naar om hem weer te zien
"I could promise never to leave you entirely"

"Ik zou kunnen beloven dat ik je nooit helemaal zal verlaten"
"but I have so great a desire to see my father"
"maar ik heb zo'n groot verlangen om mijn vader te zien"
"I would be impossibly upset if you say no"
"Ik zou ontzettend boos zijn als je nee zou zeggen"
"I had rather die myself," said the monster
"Ik zou liever zelf sterven," zei het monster
"I would rather die than make you feel uneasiness"
"Ik zou liever sterven dan dat ik je een ongemakkelijk gevoel geef"
"I will send you to your father"
"Ik zal je naar je vader sturen"
"you shall remain with him"
"jij zult bij hem blijven"
"and this unfortunate Beast will die with grief instead"
"en dit ongelukkige beest zal in plaats daarvan sterven van verdriet"
"No," said Beauty, weeping
"Nee," zei de schoonheid, huilend
"I love you too much to be the cause of your death"
"Ik hou te veel van je om de oorzaak van je dood te zijn"
"I give you my promise to return in a week"
"Ik beloof je dat ik over een week terugkom"
"You have shown me that my sisters are married"
"Je hebt mij laten zien dat mijn zussen getrouwd zijn"
"and my brothers have gone to the army"
"en mijn broers zijn naar het leger gegaan"
"let me stay a week with my father, as he is alone"
"Laat mij een week bij mijn vader blijven, want hij is alleen"
"You shall be there tomorrow morning," said the Beast
"Je zult er morgenvroeg zijn," zei het beest
"but remember your promise"
"maar denk aan uw belofte"
"You need only lay your ring on a table before you go to bed"
"Je hoeft je ring alleen maar op tafel te leggen voordat je naar

bed gaat"
"and then you will be brought back before the morning"
"en dan word je voor de ochtend teruggebracht"
"Farewell dear Beauty," sighed the Beast
"Vaarwel lieve schoonheid," zuchtte het beest
Beauty went to bed very sad that night
schoonheid ging die nacht heel verdrietig naar bed
because she didn't want to see Beast so worried
omdat ze het beest niet zo bezorgd wilde zien
the next morning she found herself at her father's home
de volgende ochtend bevond ze zich bij haar vader thuis
she rung a little bell by her bedside
Ze luidde een belletje naast haar bed
and the maid gave a loud shriek
en het meisje gaf een luide gil
and her father ran upstairs
en haar vader rende naar boven
he thought he was going to die with joy
hij dacht dat hij met vreugde zou sterven
he held her in his arms for quarter of an hour
hij hield haar een kwartier lang in zijn armen
eventually the first greetings were over
uiteindelijk waren de eerste begroetingen voorbij
Beauty began to think of getting out of bed
schoonheid begon eraan te denken om uit bed te komen
but she realized she had brought no clothes
maar ze realiseerde zich dat ze geen kleren had meegenomen
but the maid told her she had found a box
maar de meid vertelde haar dat ze een doos had gevonden
the large trunk was full of gowns and dresses
de grote koffer zat vol met jurken en jurken
each gown was covered with gold and diamonds
elke jurk was bedekt met goud en diamanten
Beauty thanked Beast for his kind care
schoonheid bedankte beest voor zijn vriendelijke zorg
and she took one of the plainest of the dresses

en ze nam een van de meest eenvoudige jurken
she intended to give the other dresses to her sisters
Ze was van plan de andere jurken aan haar zussen te geven
but at that thought the chest of clothes disappeared
maar bij die gedachte verdween de klerenkast
Beast had insisted the clothes were for her only
het beest had volgehouden dat de kleren alleen voor haar waren
her father told her that this was the case
haar vader vertelde haar dat dit het geval was
and immediately the trunk of clothes came back again
en onmiddellijk kwam de koffer met kleren weer terug
Beauty dressed herself with her new clothes
schoonheid kleedde zichzelf met haar nieuwe kleren
and in the meantime maids went to find her sisters
en intussen gingen de meiden op zoek naar haar zusters
both her sister were with their husbands
haar beide zussen waren bij hun echtgenoten
but both her sisters were very unhappy
maar haar beide zussen waren erg ongelukkig
her eldest sister had married a very handsome gentleman
haar oudste zus was getrouwd met een zeer knappe heer
but he was so fond of himself that he neglected his wife
maar hij was zo dol op zichzelf dat hij zijn vrouw verwaarloosde
her second sister had married a witty man
haar tweede zus was getrouwd met een geestige man
but he used his wittiness to torment people
maar hij gebruikte zijn gevatheid om mensen te kwellen
and he tormented his wife most of all
en hij kwelde zijn vrouw het meest van allemaal
Beauty's sisters saw her dressed like a princess
De zussen van de schoonheid zagen haar gekleed als een prinses
and they were sickened with envy
en ze waren ziek van jaloezie

now she was more beautiful than ever
nu was ze mooier dan ooit
her affectionate behaviour could not stifle their jealousy
haar liefdevolle gedrag kon hun jaloezie niet onderdrukken
she told them how happy she was with the Beast
ze vertelde hen hoe blij ze was met het beest
and their jealousy was ready to burst
en hun jaloezie stond op het punt te barsten
They went down into the garden to cry about their misfortune
Ze gingen naar de tuin om te huilen over hun ongeluk
"In what way is this little creature better than us?"
"Waarin is dit kleine wezentje beter dan wij?"
"Why should she be so much happier?"
"Waarom zou ze zoveel gelukkiger moeten zijn?"
"Sister," said the older sister
"Zusje," zei de oudere zus
"a thought just struck my mind"
"Een gedachte schoot me te binnen"
"let us try to keep her here for more than a week"
"Laten we proberen haar hier langer dan een week te houden"
"perhaps this will enrage the silly monster"
"misschien maakt dit het dwaze monster woedend"
"because she would have broken her word"
"omdat ze haar woord zou hebben gebroken"
"and then he might devour her"
"en dan zou hij haar kunnen verslinden"
"that's a great idea," answered the other sister
"Dat is een geweldig idee," antwoordde de andere zuster
"we must show her as much kindness as possible"
"we moeten haar zoveel mogelijk vriendelijkheid tonen"
the sisters made this their resolution
de zussen maakten dit hun voornemen
and they behaved very affectionately to their sister
en ze gedroegen zich heel liefdevol tegenover hun zusje
poor Beauty wept for joy from all their kindness

arme schoonheid huilde van vreugde vanwege al hun vriendelijkheid
when the week was expired, they cried and tore their hair
toen de week voorbij was, huilden ze en trokken ze hun haar uit
they seemed so sorry to part with her
ze leken zo verdrietig om afscheid van haar te nemen
and Beauty promised to stay a week longer
en schoonheid beloofde nog een week langer te blijven
In the meantime, Beauty could not help reflecting on herself
Ondertussen kon de schoonheid het niet laten om over zichzelf na te denken
she worried what she was doing to poor Beast
Ze maakte zich zorgen over wat ze het arme beest aandeed
she know that she sincerely loved him
ze weet dat ze oprecht van hem houdt
and she really longed to see him again
en ze verlangde er echt naar om hem weer te zien
the tenth night she spent at her father's too
de tiende nacht bracht ze ook bij haar vader door
she dreamed she was in the palace garden
ze droomde dat ze in de paleistuin was
and she dreamt she saw the Beast extended on the grass
en ze droomde dat ze het beest uitgestrekt op het gras zag liggen
he seemed to reproach her in a dying voice
hij leek haar met een stervende stem te verwijten
and he accused her of ingratitude
en hij beschuldigde haar van ondankbaarheid
Beauty woke up from her sleep
schoonheid ontwaakte uit haar slaap
and she burst into tears
en ze barstte in tranen uit
"Am I not very wicked?"
"Ben ik niet heel slecht?"
"Was it not cruel of me to act so unkindly to the Beast?"

"Was het niet wreed van mij om zo onvriendelijk tegen het beest te handelen?"
"Beast did everything to please me"
"beest deed alles om mij te plezieren"
"Is it his fault that he is so ugly?"
"Is het zijn schuld dat hij zo lelijk is?"
"Is it his fault that he has so little wit?"
"Is het zijn schuld dat hij zo weinig verstand heeft?"
"He is kind and good, and that is sufficient"
"Hij is aardig en goed, en dat is voldoende"
"Why did I refuse to marry him?"
"Waarom heb ik geweigerd met hem te trouwen?"
"I should be happy with the monster"
"Ik zou blij moeten zijn met het monster"
"look at the husbands of my sisters"
"Kijk naar de echtgenoten van mijn zussen"
"neither wittiness, nor a being handsome makes them good"
"noch gevatheid, noch knapheid maakt hen goed"
"neither of their husbands makes them happy"
"geen van hun echtgenoten maakt hen gelukkig"
"but virtue, sweetness of temper, and patience"
"maar deugd, zachtmoedigheid en geduld"
"these things make a woman happy"
"Deze dingen maken een vrouw gelukkig"
"and the Beast has all these valuable qualities"
"en het beest heeft al deze waardevolle kwaliteiten"
"it is true; I do not feel the tenderness of affection for him"
"Het is waar; ik voel geen tedere genegenheid voor hem"
"but I find I have the highest gratitude for him"
"maar ik vind dat ik hem de grootste dankbaarheid voel"
"and I have the highest esteem of him"
"en ik heb de hoogste achting voor hem"
"and he is my best friend"
"en hij is mijn beste vriend"
"I will not make him miserable"
"Ik zal hem niet ongelukkig maken"

"If were I to be so ungrateful I would never forgive myself"
"Als ik zo ondankbaar zou zijn, zou ik mezelf nooit vergeven"
Beauty put her ring on the table
schoonheid legde haar ring op tafel
and she went to bed again
en ze ging weer naar bed
scarce was she in bed before she fell asleep
nauwelijks was ze in bed voordat ze in slaap viel
she woke up again the next morning
de volgende ochtend werd ze weer wakker
and she was overjoyed to find herself in the Beast's palace
en ze was dolblij dat ze zichzelf in het paleis van het beest bevond
she put on one of her nicest dress to please him
Ze trok een van haar mooiste jurken aan om hem te plezieren
and she patiently waited for evening
en ze wachtte geduldig op de avond
at last the wished-for hour came
kwam het gewenste uur
the clock struck nine, yet no Beast appeared
de klok sloeg negen, maar er verscheen geen enkel beest
Beauty then feared she had been the cause of his death
schoonheid vreesde toen dat zij de oorzaak van zijn dood was
she ran crying all around the palace
Ze rende huilend door het hele paleis
after having sought for him everywhere, she remembered her dream
nadat ze overal naar hem had gezocht, herinnerde ze zich haar droom
and she ran to the canal in the garden
en ze rende naar het kanaal in de tuin
there she found poor Beast stretched out
daar vond ze het arme beest uitgestrekt
and she was sure she had killed him
en ze was er zeker van dat ze hem had vermoord
she threw herself upon him without any dread

ze wierp zich zonder enige angst op hem
his heart was still beating
zijn hart klopte nog steeds
she fetched some water from the canal
ze haalde wat water uit het kanaal
and she poured the water on his head
en ze goot het water over zijn hoofd
the Beast opened his eyes and spoke to Beauty
het beest opende zijn ogen en sprak tot schoonheid
"You forgot your promise"
"Je bent je belofte vergeten"
"I was so heartbroken to have lost you"
"Ik was zo verdrietig dat ik je kwijt was"
"I resolved to starve myself"
"Ik besloot mezelf uit te hongeren"
"but I have the happiness of seeing you once more"
"maar ik heb het geluk je nog een keer te zien"
"so I have the pleasure of dying satisfied"
"dus heb ik het genoegen om tevreden te sterven"
"No, dear Beast," said Beauty, "you must not die"
"Nee, lief beest," zei de schoonheid, "je mag niet sterven"
"Live to be my husband"
"Leef om mijn man te zijn"
"from this moment I give you my hand"
"vanaf dit moment geef ik je mijn hand"
"and I swear to be none but yours"
"en ik zweer dat ik niemand anders ben dan de jouwe"
"Alas! I thought I had only a friendship for you"
"Helaas! Ik dacht dat ik alleen een vriendschap voor je had"
"but the grief I now feel convinces me;"
"maar het verdriet dat ik nu voel overtuigt mij;"
"I cannot live without you"
"Ik kan niet zonder jou leven"
Beauty scarce had said these words when she saw a light
schoonheid had nauwelijks deze woorden gezegd toen ze een licht zag

the palace sparkled with light
het paleis schitterde van het licht
fireworks lit up the sky
vuurwerk verlichtte de lucht
and the air filled with music
en de lucht gevuld met muziek
everything gave notice of some great event
alles gaf aan dat er een grote gebeurtenis had plaatsgevonden
but nothing could hold her attention
maar niets kon haar aandacht vasthouden
she turned to her dear Beast
ze draaide zich om naar haar lieve beest
the Beast for whom she trembled with fear
het beest waarvoor ze beefde van angst
but her surprise was great at what she saw!
maar haar verbazing was groot toen ze zag!
the Beast had disappeared
het beest was verdwenen
instead she saw the loveliest prince
in plaats daarvan zag ze de mooiste prins
she had put an end to the spell
ze had een einde gemaakt aan de betovering
a spell under which he resembled a Beast
een betovering waaronder hij op een beest leek
this prince was worthy of all her attention
Deze prins was al haar aandacht waard
but she could not help but ask where the Beast was
maar ze kon het niet laten om te vragen waar het beest was
"You see him at your feet," said the prince
"Je ziet hem aan je voeten," zei de prins
"A wicked fairy had condemned me"
"Een boze fee had mij veroordeeld"
"I was to remain in that shape until a beautiful princess agreed to marry me"
"Ik zou in die toestand blijven totdat een mooie prinses met mij wilde trouwen"

"the fairy hid my understanding"
"de fee verborg mijn begrip"
"you were the only one generous enough to be charmed by the goodness of my temper"
"jij was de enige die genereus genoeg was om gecharmeerd te zijn van de goedheid van mijn humeur"
Beauty was happily surprised
schoonheid was blij verrast
and she gave the charming prince her hand
en ze gaf de charmante prins haar hand
they went together into the castle
ze gingen samen het kasteel binnen
and Beauty was overjoyed to find her father in the castle
en de schoonheid was dolblij haar vader in het kasteel te vinden
and her whole family were there too
en haar hele familie was er ook
even the beautiful lady that appeared in her dream was there
zelfs de mooie dame die in haar droom verscheen was er
"Beauty," said the lady from the dream
"schoonheid", zei de dame uit de droom
"come and receive your reward"
"kom en ontvang je beloning"
"you have preferred virtue over wit or looks"
"Je hebt deugd boven verstand of uiterlijk verkozen"
"and you deserve someone in whom these qualities are united"
"en jij verdient iemand waarin deze kwaliteiten verenigd zijn"
"you are going to be a great queen"
"Je gaat een geweldige koningin worden"
"I hope the throne will not lessen your virtue"
"Ik hoop dat de troon uw deugd niet zal verminderen"
then the fairy turned to the two sisters
toen wendde de fee zich tot de twee zussen
"I have seen inside your hearts"
"Ik heb in jullie harten gekeken"

"and I know all the malice your hearts contain"
"en ik weet hoeveel kwaad jullie harten bevatten"
"you two will become statues"
"Jullie twee zullen standbeelden worden"
"but you will keep your minds"
"maar je zult je gedachten bewaren"
"you shall stand at the gates of your sister's palace"
"je zult aan de poorten van het paleis van je zuster staan"
"your sister's happiness shall be your punishment"
"Het geluk van je zus zal jouw straf zijn"
"you won't be able to return to your former states"
"Je zult niet in staat zijn om terug te keren naar je vroegere toestand"
"unless, you both admit your faults"
"tenzij jullie beiden jullie fouten toegeven"
"but I am foresee that you will always remain statues"
"maar ik voorzie dat jullie altijd standbeelden zullen blijven"
"pride, anger, gluttony, and idleness are sometimes conquered"
"trots, woede, vraatzucht en luiheid worden soms overwonnen"
"but the conversion of envious and malicious minds are miracles"
" maar de bekering van afgunstige en kwaadaardige geesten zijn wonderen"
immediately the fairy gave a stroke with her wand
onmiddellijk sloeg de fee met haar toverstaf
and in a moment all that were in the hall were transported
en in een ogenblik werden allen die zich in de hal bevonden, weggevoerd
they had gone into the prince's dominions
ze waren de domeinen van de prins binnengegaan
the prince's subjects received him with joy
de onderdanen van de prins ontvingen hem met vreugde
the priest married Beauty and the Beast
de priester trouwde met Belle en het Beest

and he lived with her many years
en hij leefde vele jaren met haar
and their happiness was complete
en hun geluk was compleet
because their happiness was founded on virtue
omdat hun geluk gebaseerd was op deugd

                    The End
                    Het einde

www.tranzlaty.com

www.ingramcontent.com/pod-product-compliance
Lightning Source LLC
Chambersburg PA
CBHW012012090526
44590CB00026B/3979